VANISHING POINTS

VANISHING POINTS
Lucija Stupica

Translated from the Slovene by Andrej Peric
Introduced by Alvin Pang

PUBLICATIONS
2024

Published by Arc Publications,
Nanholme Mill, Shaw Wood Road
Todmorden OL14 6DA, UK
www.arcpublications.co.uk

978-1-908376-66-4 (pbk)

Design by Tony Ward
Printed in Great Britain by T.J. Books Ltd,
Padstow, Cornwall

Cover illustration © Sofie Stenberg,
by kind permission of the artist.

ACKNOWLEDGEMENTS
Točke izginjanja (Vanishing Points) was first published in 2019
by LUD Literatura, Prišleki, Ljubljana, Slovenia

This translation was published with the support of the
Slovenian Book Agency.

Arc Translation Series
Series Editor: Jean Boase-Beier

To Nora and Henrik
and
in fond memory of Fabjan Hafner
(1966-2016)

Should we have stayed at home,
wherever that may be?

Elizabeth Bishop

CONTENTS

V

In the summer of 2015, I visited Lucija Stupica and her partner Henrik (my Swedish translator) at their home on the island of Oaxen. I remember that brief isle of time well: the yellow ferry linking the island to the mainland, the reservoir and quarry, their house mere steps away from the sea,

> … the low sun disturbing the evening hours
> like cargo ships on their way from Singapore to Norway.
>
> ('Islomania')

Our conversations at the time were low, warm, at ease in this idyllic setting but already turning to other possibilities. The island's initial appeal, its affordance of breath, peace and pause, had begun to chafe, particularly with a young child in tow while being cut off from the support and stimulus of city life, community, family, work, variety, adult company. The family soon moved to Stockholm.

In *Vanishing Points*, Stupica's fourth volume of poetry and her first in English translation, her longstanding poetic fascination with islands and the sea turns reflective and reflexive, informed by a deeply-embodied knowing. Lived experience and age sharpen a sense of reckoning with the costs and constraints of what was once desired: what draws is also what binds. The "promise of love" has an "expiration date" ('The Bed', p. 43) not accounted for by a younger self. The price of bliss, of the "small gifts of everyday life", may be an ossification: "slowly turning into a wall" ('The Blue Gondola', p. 17); becoming "heavy as a rock" ('Island', p. 71).

Widely translated in Europe, and herself a translator from Swedish, Stupica's writing been mentioned by critics in relation to the late Nobel Laureate Tomas Tranströmer, whose work she has referenced. Certainly, in their poems there is an assonant spatial awareness: how the human and other-than-human share a visual, semantic and affective field. With the Pulitzer Prize-winning poet Mark Strand, whom she has translated into Slovene, she shares an affinity for delineating absence-as-presence, the shapes shadows make on quiet days.

Stupica's faculty with imagery also recalls the confident irony, startling metaphoric leaps and wry apprehension of history's discontinuities that characterise other contemporary Slovene poets known to anglophone readers, including the older Tomaž Šalamun. Stupica belongs to a cohort of poets who became active during the dissolution of former Yugoslavia and Slovenia's subsequent independence in 1991 – "who spent their early childhood during the disintegrating socialism and in their youth watched it collapse", as Peter Kolšek puts it in his introduction to the milestone anthology *Ten Slovenian Poets from the Nineties*, which includes her work.

But Stupica's poetics are quite distinct – and more keenly aware that the trade-offs between intellectual and domestic labour are profoundly gendered:

> I'd like to understand, says a female voice.
> Tell me, aren't you bored?
> For her, female poets are housewives
> who write a poem once in a while,
> and male poets are failed men
> who shed an occasional tear or two.
>
> ('The Beetle', p. 67)

Vanishing Points, as an assertion of voice after a long and piercing silence, resonates with other silencings in a world where, still,

> ...the man and the child
> are the crucial measure of success,
> something that cannot be transcended by anything else.
> Everything else is in vain.
> Every road, every journey.
>
> ('The Red Landscape', p. 29)

The concept of a vanishing point – an imagined point on the horizon where two parallel lines appear to converge in order to convey a sense of spatial perspective – comes from art and architecture, fields in which Stupica's professional training and practice as a successful interior designer are grounded. In her native Slovenia, Stupica is an award-winning literary figure and celebrated cultural leader of her generation, whose imagination and points of reference are richly continental in breadth and restless in temperament. It is possible therefore to read this volume as framing her move to Sweden as a diminishment and loss – of "limbs" and "tongue" ('Things As They Are', p. 83); of community, language, ambition, relevance, range. Here then is an archive of vanishings, not just a vivacious self subsumed by domesticity and tedium, but other past identities, past glories, places, histories, kin, along with the ultimate convergence that is mortality's promise. 'The King's Garden' (p. 99) extrapolates from youthful beauty to its future decay. Other poems mark time, almost as if waiting for a prison sentence to end:

> Somewhere along the way, life takes place nonetheless.
> Despite passing slowly, rather linearly.
> One might say, tediously.
>
> ('On Beginnings, Endings And A Little About The Middles'. p. 91)

Yet there is also a fierce reawakening of the spirit in and through language: with words facilitating an inward movement that resists and reclaims, by embracing and encircling – as the sea does an island – the experience of stasis and the relentlessness of time. In drawing the eye to these null points and dissolutions, Stupica's poems offer lines that can be traced back *from* the horizon's void to the living gaze and its capacity to perceive, imagine, speculate, grieve, and therefore to be:

> For a split second, I jump into death also.
> Like a newborn. Still able to see inwards.
>
> ('Among All The Others', p. 103)

If Stupica's writing in *Vanishing Points* comes from the edge of an existential abyss, it is nevertheless steeped in a sophisticated double vision – seeing what is, as well as what is about to become, lost. In its refusal to settle into convictions, pieties, or despair, the poetry acts as a gondola or ferry, shuttling back and forth between possibilities, between past (or future) and present, island and continent, introspection and engagement. It is writing that enacts its own deliverance – while holding language at a sensible, sceptical arm's length as a necessary, even affectionate, but not always dependable ally.

For readers in English, *Vanishing Points*, Stupica's most mature volume to date, is an apt and timely introduction to an important European voice of the present generation – offering curative perspective, without easy answers, in an era of estrangement and casual absolutes.

Alvin Pang

I

MODRA GONDOLA

Nekoč, dolgo je tega, je bila ulica z imenom Bregovita.
Bila je kratka, slepa ulica. Še danes je tam. Z drugim imenom.
In na njenem koncu dva modra vagona najkrajše vzpenjače.

Imam vse, kar pridite.

Imel je malo koruzne moke in lonček masti.
Trije otroci, najmlajši star šele en mesec.
Zagreb 1941, izgnanci brez dokumentov.
Ponoči tramvaj, več prestopanj, več številk,
otrokom neznanih, skrivališče in kraj,
kjer so se ogreli, tudi z nogavicami čez roke.

Kasneje je v sobo, deljeno še z eno družino, prišel premog,
in tako so šli skozi štiri leta. Nihče ni govoril o poletjih.

Otroci so klicali z ulic: *Pesek, prodamo bel pesek!*
Pesek je padal. Trenutki na ulici z vzpenjačo so padali.
Podnevi takt šivalnih strojev v šivalnici odej,
ponoči nenapovedani obiski. Pesek je padal skozi
neprespane, z otroškim jokom prebodene noči –

Mama je počasi postajala stena.

Še kasneje, na meji med pravljičnim in resničnim,
iz vrzeli v spominu vstane modra gondola.
Pluje po vodi ali zraku – samo po tirih nikoli.

In zdaj se zaženejo motorji, oddaljeni takt
šivalnih strojev, modra gondola drsi v strmino.
Poskušam dihati skozi drug čas,
skozi neko drugo življenje.
Nenadoma, v bežnem trenutku, začutim,
da se ga lahko dotaknem. In nato spustim.

THE BLUE GONDOLA

Once upon a time, there was a street named Bregovita.
A short blind alley. It still exists. With a different name.
With two blue cars of the shortest funicular at its end.

I've got it all, just come.

He had some corn flour and a small pot of fat.
Three children, the youngest only a month old.
Zagreb 1941, paperless exiles.
At night, the tram, several transfers, several numbers
unknown to the children, a hideout and a place
to warm themselves, even if with socks on their hands.

Later, coal came to the room shared with another family,
this is how they made it through the four years.
Nobody talked about the summers.

Children shouting in the streets: *Sand, white sand for sale!*
The sand falling. The moments spent in the funicular alley, falling.
The tapping of the sewing machines in the blanket manufacturing company
during the day, unannounced visits at night. The sand falling through
sleepless nights pierced with children's crying –

Mother was slowly turning into a wall.

Later still, halfway between a fairy tale and reality,
a blue gondola rises from memory's gap.
Floating in water, in air – but never on rails.

Now the engines start up, a faraway rhythm
of sewing machines, the blue gondola drifts into the steepness.
I try to breathe through some other time,
some other life.
All of a sudden, for a split second,
I feel I can touch it. Then I let go.

KITAJSKA TORTA

Rekla je, da bo spekla torto sama.
Recept njene mame, še v nemškem jeziku,
v poševni pisavi v osemsto strani zajetnem zvezku
iz graške gospodinjske šole, vezanem v usnje.
Spomni se, vidi jo,
bilo je skoraj ob koncu dvojne monarhije
v njihovem hotelu na Štajerskem,
kako je s svojo kranjsko govorico, skoraj tujka,
zapisovala nove recepte,
ošvrknila s pogledom najmlajšega,
si obrisala roke v bel predpasnik, nato pa odhitela,
da še zadnjič pregleda, ali so vsi pri svojih opravilih.

Pisava vstopa v prostor, v zdaj nek drug čas,
a še vedno z isto bakreno skledo. Najprej jajca.
Mož je na službenem potovanju, otroci na dvorišču,
ostanki pohištva govorijo, da je bila vmes vojna.
Že druga. Leta uničenja. Nato sladkor.
Miza je pogrnjena z najboljšim prtom,
desertne vilice in porcelan skrbno razporejeni.
Navsezgodaj je prebrala pismo. Moka.
Sestrične iz Ljubljane piše: *Težko je,
a vašo bom še nekako imela pri sebi.*
Vsak dan ustvarja sliko. Pecilni prašek.

Vse, kar je narobe na tej sliki,
je njeno življenje. Težko je to razumeti.

Kitajska torta. *China-Torte.*
Morda ni za tem imenom prav nič,
samo ime je, izbrano, da se razlikuje.

Rekla je, da bo spekla torto sama. Nobenih navodil.
Tista ura nepreklicno pride. Ko se vseh izgub
ne da več nositi in verjeti v majhna darila vsakdana.

CHINESE CAKE

She said she would bake the cake herself.
Her mother's recipe, still in German,
in the slanted handwriting of an eight-hundred-page notebook
from a Graz school of housekeeping, leather-bound.
She remembers, she can see her –
with the end of the double monarchy approaching
in their hotel in Lower Styria –
writing down new recipes in her Carniolan
dialect, almost a foreigner,
then throwing a glance at the youngest one,
wiping her hands on the white apron, then rushing off
to check, one last time, whether everybody was doing their job.

The handwriting is entering the place, the now different time,
yet with the same copper bowl. First, the eggs.
Her husband is on a business trip, the children are in the backyard,
the remaining furniture suggests there had been a war in the meantime.
A second one already. Years of destruction. Then the sugar.
The table is draped in the finest tablecloth,
the dessert forks and the chinaware are meticulously arranged.
She had read the letter first thing in the morning. The flour.
Her cousin from Ljubljana: *It's not easy,*
but I'll keep your daughter with me somehow.
Every day, she re-creates the image. The baking powder.

All that is wrong in this image
is her life. This isn't easy to comprehend.

The Chinese cake. *China-Torte.*
Perhaps there's absolutely nothing behind this name,
just a name, chosen to differ.

She said she would bake the cake herself. No instructions.
Irrevocably comes the hour. When all the losses cannot be borne
anymore and one can no longer believe in the small gifts of
                                                    everyday life.

19

Torta je na mizi. Odpravi se ven, na dvorišče,
lahen poletni veter dviguje perilo na vrvi,
napeti ob dolgi fasadi, žive barve v vetru.
Ptiči so karnevalsko razpoloženi.

The cake is on the table. She heads outside, for the backyard,
a light summer breeze is lifting up the washing on the clothesline
stretched along the long facade, the bright colours in the breeze.
The birds are in a carnivalesque mood.

ZADNJA SKUPNA FOTOGRAFIJA

Nekaj zaupnega imajo med sabo,
deklica štirih let na levi strani klopi,
v rdečem plašču, z rutko čez lase,
in deček treh let z dedom na desni.

Dvorišče so zapustili že davno.
Tudi klop z lesenimi prečkami
na zakrivljenih kovinskih nogah,
postavljeno pred obledelo fasado.

Ded, na sliki je podoben Jeanu Gabinu,
ima kravato, rjavo jopico in hlače
iz gabardena. Srebrno sivi lasje
so skrbno počesani s čela.

Otroka še ne znata razgrniti plaščev
in z njima zagrniti deda. Njena
drobna dlan zastira sonce in utira
prostor pogledu v drug kraj.

They share something confidential,
the four-year-old girl on the left of the bench,
in her red coat, a scarf around her head,
and the three-year old boy, with their grandpa.

They left the backyard long ago.
And the bench with the wooden slats
and the crooked cast iron legs
standing before the faded facade.

The grandpa in the photo, resembling
Jean Gabin, is wearing a tie, a brown cardigan
and gabardine trousers. His silvery hair
neatly combed off his forehead.

The children cannot spread out their coats yet
to cover their grandpa with them. Her tiny hand
is shielding the sunlight, making room
for the view towards a different place.

HČI IN OČE

na pločniku

       v zamrznjenem sprehodu

na eni strani

       mestne hiše za opečno ograjo

na drugi

       vrsta parkiranih avtomobilov

tudi to je fotografija

       pozno poletje je

oblečena sta svetlo

       skoraj praznično

vsekakor sta videti srečno

       drži jo za roko

zelo majhna je

       katalog zgodb se odpira

besede

       točke na zemljevidu

oblikovanje sveta

       oblikovanje doma

kjerkoli že to je

       kjerkoli že to je

hči

       oče

korak

       fotografija

       korak

DAUGHTER AND FATHER

on the pavement

        a frozen walk

on one side

        the town houses behind a brick wall

on the other side

        a row of parked cars

this is a photo too

        it's late summer

they're dressed in light colours

        almost festively

they certainly look happy

        he's holding her hand

she is very little

        the catalogue of stories is opening up

words

        the points on the map

the forming of the world

        the forming of the home

wherever that may be

        wherever that may be

the daughter

        the father

a step

    a photo

        a step

TOČKA ODHODA

Namesto stare slive je hiša, namesto jablane ograja.
Spomnim se rogovilastih vej, s katerih smo metali
zelena, neokusna jabolka proti cesti, da bi se razklala
pod avtomobilskimi gumami, in odrgnin na koži.

Vse je že očiščeno, oprano, in igrače
že dolgo na smetišču večne prenove.

Lahko bi se vse začelo s potovanjem.
Z majhnim korakom in jasnim pogledom.
Z mirno tišino v očeh.

Nekaj trenutkov kasneje, morda let,
ko sediva skupaj, dva para sorodnih oči,
ljubezen, bližina, je pred nama morje,
nobenih razveseljivih barv in vedno hladno.
In edina verjetnost, ki jo poznava,
je nezmožnost izreči prejšnja življenja.

A če vsaj malo razumem ta svet, je nujno,
da pustiva poeziji, da si odmeri svoj čas.
Poezija je rob, po katerem hodiva,
rob, s katerega padava v nove skrivnosti

THE POINT OF LEAVING

Instead of the old plum tree, a house,
instead of the apple tree, a fence.
I recall the forked branches, from which we would throw
insipid green apples towards the road for them to get split
under car tyres, and the scratches on our skin.

Everything is cleaned up, wiped down, and the toys
have long been consigned to the dustbin of eternal renovation.

It could all have begun with a journey.
With a small step and a clear gaze.
With serenity in the eye.

A few moments, maybe years, later,
we are sitting together, two pairs of kindred eyes,
love, nearness, facing the sea,
no delightful colours, and the constant cold.
The only likelihood we know of,
the inability to verbalise previous lives.

Yet, if I comprehend this world just a little,
it's urgent for us to let poetry take its measure of time.
Poetry is the edge we walk on,
the edge we keep falling off into new secrets.

RDEČA POKRAJINA

Vsa ljubezenska pisma so
smešna.
Ne bi bila ljubezenska, če ne bi bila
smešna.

1

Ponoči diši po jeseni,
čez dan pozno poletje suši travo
in ji jemlje globino,
oblikuje jo v porumenel gobelin.
Zarasla sem se v pokrajino,
zeleno, gričevnato,
poraslo z gozdiči,
valovito in dišečo
s svojimi mehkimi oblinami.

V tej pokrajini sta moški in otrok
najpomembnejša mera za uspeh,
tisto, česar z ničimer ne presežeš.
Vse drugo je zaman.
Vse poti, vsa potovanja.

Kaj oblikuje, navdihuje ali guba tvoje telo?
Otrok in moški sta le del mehčanja in gubanja,
od znotraj navzven,
del nežnosti in solz,
vzrok in posledica.

Posledica in hkrati dvom
o poti, ki se še potuje.

Medtem je popoldansko sonce zašlo
za staro opečnato hišo, kjer smo se kot otroci igrali
še eno igro partizanov in Nemcev. Te igre
so zamenjale igro kavbojcev in Indijancev.

THE RED LANDSCAPE

All love letters are
Ridiculous.
They wouldn't be love letters if they weren't
Ridiculous.

1

At night it smells of autumn,
during the day the late summer dries the grass,
shallowing its depth,
shaping it into a yellowed tapestry.
I've taken root in the landscape,
green and rolling,
covered with little groves,
undulating and aromatic
with its soft forms.

In this landscape the man and the child
are the crucial measure of success,
something that cannot be transcended by anything else.
Everything else is in vain.
Every road, every journey.

What moulds, inspires, or wrinkles your body?
The child and the man are only part of the softening and wrinkling,
from within to the outside,
they're only part of the tenderness and tears,
the cause and the consequence.

Both the consequence and the doubt
about the road still being travelled.

Meanwhile the afternoon sun has set
behind the old brick house where we played as kids
another game of Partisans and Germans. Those games
replaced the game of Cowboys and Indians.

Fasado, preluknjano z naboji pravih vojakov,
danes prekrivata bršljan in divja vinska trta.

Skrito je, kar boli.

Nekaj izpraznjenih nabojev
smo nekoč našli v zemlji in zaigrali bitko.
Nihče ni želel biti na strani sovražnika,
igra se je največkrat odvijala le z ene strani.
Skozi podstrešne line smo s svojimi kriki
plašili le vrabce, mačke pa so lenobno poleževale
na sončni travi, ki je že prerasla zgodovino.

Ponoči, ko se svetloba skotali v zadnjo špranjo,
skozi line še danes priletijo netopirji
in zajadrajo nad strehe malega kraja.
Ne strašijo me več, vse drugo straši glasneje.
Zunanji svet se plazi skozi usta otroka,
ki ob pogovoru odraslih riše abstraktne slike.

2.

V vsoti življenja bova morda spoznala,
da sva splet smešnih naključij.
Morda bova spoznala, da je življenje
smešna reč, režemo mu noge
v togost, žalost, nesvobodo,
ker se ga preprosto bojimo.
In morda je morje
med tvojim otokom in mojo celino
prepad, tolmun ali premor,
nekaj, kar opominja.
Ali pa je, nasprotno, zrcalo
za luno, oblake ali besede.

Today the facade, perforated with bullets of real soldiers,
is covered in ivy and wild grape.

Hidden is what hurts.

In the soil we once found
a few empty rounds and acted out a battle.
Nobody wanted to be on the side of the enemy,
more often than not the game was fought from one side only.
Through the attic vents we only scared
sparrows with our screams, while the cats idly lay
on the sunlit grass having already overgrown history.

At night, when the light rolls into the last chink,
bats still come flying in through the attic vents these days,
gliding above the roofs of the small town.
No longer do they haunt me; all the rest frightens me more loudly.
The outer world crawls through the mouth of a child
drawing abstract pictures while listening to the adults talk.

    2

In the sum total of life, we might find
we're a series of ridiculous coincidences.
We might find that life
is a ridiculous affair, we keep cutting its legs
into rigidness, sadness, freedomlessness,
as we simply dread it.
And the sea between
your island and my continent might be
an abyss, a rock pool, or a pause,
a reminder of a sort.
Or it might, conversely, be a mirror
for the moon, for clouds, or words.

Midva veva malo.
V moji deželi so sanje večje,
v tvoji se sploščijo, postanejo ravnina.
Na njej se paseta dve srni. Ko ju opazim,
manjša poskoči, sunkovito steče k cesti,
druga ji sledi, a drugače, previdneje,
skrbno oprezajoč naokoli,
in zdi se, kot da bi prvi hotela reči:
Ne, mala, ne, tam je cesta, povozili te bodo!

Midva ne veva. Ne razumeva.
Od koderkoli prispeva, kamorkoli greva,
ne razumeva. Ni čiste poti. Ni čiste notranje poti.

Cesta je rdeča, pokrajina je rdeča.

3.

Neonski napis na neki drugi fasadi,
v neki drugi deželi, opozarja,
da je razprodaja v teku.
Govorim ti o ladji
in smaragdno zeleni morski vodi
v lagunah, ki jih želim obiskati.
Stojiva pred temno reko,
kjer plujejo delovni čolni
in ti si z mislimi pri zatiranih,
srce teme ti govori,
da živimo kot sanjamo,
sami…

Z nevidno prtljago potujeva dalje
(več tisoč knjig in nobenega postanka).
Ko se bo naredil led in prekril gladino,
bova oddrsala nazaj v preteklost,
na kraj rojstva. Razumela bova,
zakaj ponoči slabo dihava,

The two of us know but little.
In my land, dreams are greater,
in yours, they're flattened out, turned into a plain
with a pair of deer grazing on it. When I notice them,
the smaller one jumps up, dashes to the road,
with the other following, yet differently, more carefully,
turning cautiously around,
as though trying to say to the first one:
Don't, little one, don't, there's a road, you'll get run over!

The two of us don't know. We don't understand.
No matter where we arrive from, no matter where we go,
we don't understand. There's no clear path. There's no clear
                                                inner path.
The road is red, the landscape is red.

   3

The neon sign on some other facade,
in some other country, is reminding us
a clearance sale is underway.
I'm telling you about the sailing boat
and the emerald waters
in the lagoons I wish to visit.
We're standing before a dark river,
where barges are flowing,
your thoughts are with the oppressed,
the heart of darkness is telling you
that we live as we dream,
alone…

With invisible luggage you and I travel further
(several thousand books, yet no stop).
When the surface freezes over, ice covering it,
we'll slide back into the past,
to the place of birth. We'll understand
why we find it hard to breathe at night,

zakaj imena gorijo na vratih
in zakaj se neodgovorjena pisma
zrcalijo iz zamrznjenih tal.

Zgibanka časa bo streha najine hiše.

why there are names burning on the doors,
and why unanswered letters
are reflected off the frozen ground.

The folded pamphlet of time
will be the roof of our house.

II

NA VELIKO NOČ

Diši po barvah in izobilju. Ulice so polne.
Pod oknom mladi revolucionarji
obešajo *bandiero rosso*. Rišejo srp
in kladivo in zadnji doda zvezdo.
Dva zavezniško stisneta roki v pest.
Stranske poti je obarvalo temno sonce.
Peti dan v Italiji. Kaj je ta dan ustvaril Bog?

Ptice se množijo na nebu,
kot se množijo ljudje navkreber proti cerkvi,
na stojnicah pandemija plastične navlake –
tu se starajo že otroci, takšna je tišina,
ki gre mimo, mimo vseh, mimo vsega,
mimo zastave in poskusnih revolucionarjev,
mimo praznine, mimo božje odsotnosti,
mimo vetra, ki ga je ravno prav, da mrazi.

Diši po barvah in preobilju smrti.
Dvignem se in uidem prostemu padu.
Da govorim. Da nenehno govorim.

EASTER

It smells of colours and abundance. The streets are packed.
Below the window, young revolutionaries
are hanging *bandiera rossa*. Drawing the sickle
and the hammer. The last one adds the star.
Two of them clench their fists to cement the alliance.
A sombre sun has dyed the byways.
The fifth day in Italy. What did God create on that day?

Birds are multiplying in the sky,
like the people walking up to the church,
a pandemic of the plastic clutter at the stalls –
even children can grow old here, such is the silence
going past, past everyone, past everything,
past the flag and the test revolutionaries,
past the emptiness, past the divine absence,
past the wind, just enough to feel a chill.

It smells of colours and the surfeit of death.
I rise to escape the free fall.
To speak. To speak ceaselessly.

ZGODOVINA

Tbilisi, Gruzija, 2015

Čez nekaj časa me pot skozi mesto ne gane več.
Njegov svet je izrabljen in postaran
kot tajska prostitutka najstniških let.
Vse skupaj je slabo skoreografirana zabava.
In ta ulica je samo fasada.
Podobno je s hodniki muzejev. Véliki moški
visijo po stenah, pripravljeni na stoletja,
ženske pa se skrivajo za vrati in le
tu in tam pritisnejo s prsti na kljuko,
pomolijo ven glavo in nasmeh in se takoj zatem
vrnejo v sobane k pisanju zgodovine.

HISTORY

Tbilisi, Georgia, 2015

After a while, walking through town doesn't
stir me anymore. Its world is exploited and aged
like a Thai prostitute in her teens.
It's all just a poorly choreographed party.
And this street, a mere facade.
The same applies to the museum halls. The great men
hang on the walls, poised for the upcoming centuries,
while the women hide behind doors, only
occasionally pressing handles with their fingers,
sticking out their heads and smiling, then immediately
returning to their lofty rooms to write history.

POSTELJA

Po Safetu Zecu

Stojiva pred sliko.
Nagubana posteljnina,
zapuščeni blazini,
obrisi nevidnega telesa –
sledovi vsega, kar ostane,
po ljubezni, v samoti,
po mladosti, v staranju,
po odhodu, v čakanju.
Govoriva možne zgodbe,
o tem, da je nekdo spal sam,
o tem, da ni mogel spati,
o tem, da je iskal drugega.
Poskušava vstopiti v sliko, v prostor,
se nato umakniti in slišati, čutiti razliko,
prebrati anatomijo odsotnega telesa.
Poskusi naju privedejo do neizrekljivega.
Pristaneva v beli srajci in na strani
postelje, ki še čaka na svoj čas.

Nekaj trenutkov nazaj:
tihotapiva se v obroču ulic,
vzporednih, manj prehodnih,
da bi se skrila v čisto svoj svet,
kot zmeraj prav nič običajen.
A poti naju na koncu pripeljejo do *piazze.*
O tem slikarju sem ti govorila, se spomniš? rečem,
ko z roko v roki stečeva po stopnicah muzeja,
vsa vneta v sveži obljubi ljubezni,
ne da bi slutila, da je nekje zapisan rok uporabe.

THE BED

After Safet Zec

We're standing in front of a painting.
Wrinkled bedding,
two pillows left behind,
the silhouettes of an invisible body –
the traces of all that remains,
after loving, in isolation,
after youth, in aging,
after leaving, in waiting.
We tell possible stories,
about someone sleeping alone,
about not being able to sleep,
about looking for someone else.
We attempt to enter the picture, the space,
then to withdraw and hear, feel the difference,
read the anatomy of an absent body.
Our attempts bring us to the unspeakable.
We end up in a white shirt, alongside
the bed, still awaiting its time.

A few moments earlier:
We're sneaking in a ring of streets,
lying parallel, less accessible,
to hide in a world belonging to ourselves only,
as ever, not at all commonplace.
Yet our ways eventually lead up to the piazza.
This is the painter I was telling you about, remember? I say
as we run up the stairs of the museum hand-in-hand,
all fired up in the fresh promise of love,
oblivious to the expiry date marked somewhere.

Prvo
Pod oknom je mesto, a v hotelski sobi je dovolj prostora samo
za dva. Sanj ni, tako in tako je prevroče za spanje. Zapisujem
besedo za besedo. Pisma. Citati. Dnevnik potovanja. Že
pozabljene prehojene poti, da bi bila bliže ljubeznim. Zaupanje
vedno pride kasneje, tudi spoznanje,da sem zgrešila. Ne le ulice,
cel kontinent.

On
Gotovost, da ne želim umreti, ne da bi živel to.
Ne da bi živel – s teboj. Gotovost. S teboj.
Gotovost. Ne želim umreti. Ne da bi živel. S teboj.

Drugo
Na letalu. Gore mečejo dolge sence v sončnem dnevu, diši po
naju. Vračam se. Kam, ne vem. Tudi galebi letijo nizko. Kričijo,
ko so mladiči blizu. V meni je labod tisti, ki zravnanega vratu
in srepo zroč preganja vse, ki se bližajo. Na sedežu poleg mene
oče s hčerko gleda fotografije z družinskega izleta. Strah me je,
Maruša. Spodaj so meje polne. Gledajo otroke in jim želijo dobro.
Gledajo otroke in vidijo očete. Gledajo očete in jih prepuščajo
počasni smrti.

Tretje
Novi čevlji
za na pot
sedemsto in več
zamolkel takt
prepolni čolni
pritajeni glasovi
skoraj brez diha

LETTER ONE

Below the window is a city, but there's only enough space for two in the hotel room. There aren't any dreams, it's too hot to sleep anyway. I'm putting down word after word. Letters. Quotes. A traveller's diary. The forgotten roads travelled to be closer to my loves. Trust always comes later, as well as the discovery that I'd missed it. Not only the street, but the entire continent.

HIM

The certainty that I don't want to die without living it.
Without living – with you. The certainty. With you.
The certainty. I don't want to die. Without living. With you.

LETTER TWO

On the plane. The mountains cast long shadows in the sunny day, it smells of us. I'm returning. Where, I don't know. The seagulls are flying low as well. They cry when their offspring are nearby. Within myself, there's a swan stretching its neck, glaring, chasing away anyone approaching. On the seat beside me, a father and his daughter are looking at the photos from a family trip. I'm scared, Maruša. The borders are packed down there. They're looking at the children, wanting the best for them. Looking at the children and seeing their fathers. Looking at the fathers and letting them die slowly.

LETTER THREE

New shoes
for the journey
seven hundred and more
a hollow rhythm
overloaded boats
subdued voices
voices
almost breathless

novi čevlji
na obali
zagotovo –
neizogibno –

Četrto

Če ne midva, si rekel. In jaz: Če skočiva v vodo in splavava iz nje, se bova znašla na isti obali? Prepričan sem, da nama uspe. Ljubezen je v svojem začetku vedno naivna. Nihče ne ve, kdaj pride tisti molk. Pride in si rečeš: Dovolj je, grem. A če ostaneš, še nisi zgradil ceste ali hiše ali posadil drevesa, in veva, kako temen je lahko gozd in kako temne so znotraj hiše. Tvoja roka išče mojo. Resnična je. Na isti obali sva, a to je šele začetek.

Peto

Morda ta hišica sredi gozda s prenizkimi stropi, da bi lahko hodil zravnano, uči ponižnosti. Lesena veranda s polomljenim stolom medlo sveti v lunini svetlobi. Nocoj ne bova spala. Morda tudi hišica in lesena veranda ne bosta spali. Gozd zagotovo ne spi. Odpravim se ven, po cesti v neznano. Po temni cesti skozi gozd. Za tretjim ovinkom se obrnem. Ne maram ponižnosti, rečem. Poiščem te in odpraviva se skupaj ven. Zapuščava hišico. Po temni cesti skozi gozd. Za tretjim ovinkom je druga hiša. Potrkava. Nihče ne odpre. Obrneva se proti hišici sredi gozda s prenizkimi stropi. Potrkava. Vrata se odpro. Dovolj ponižnosti, rečeva. Nocoj ne bova spala. Legla bova, se držala za roke in poslušala zgodbi drug drugega.

Ona

Gotovost, da ne želim živeti, ne da bi živela to.
Ne da bi živela – s teboj. Gotovost. S teboj.
Gotovost. Ne želim živeti. Ne da bi živela. S teboj.

new shoes
on the shore
surely –
inescapably –

LETTER FOUR

If not us, you said. And me: *If we jump into the water and resurface,*
will we end up on the same shore? You: *I'm sure we'll make it.* Love's
always naïve at its beginning. No-one knows when the silence
ensues. It ensues and you say: *It's enough, I'm out.* But if you stay,
you haven't yet built a road or a house or planted a tree, and we
know how dark a forest can be and how dark the cabins are on
the inside. Your hand seeking mine. It's real. We're on the same
shore, but this is only just the beginning.

LETTER FIVE

Perhaps this cabin in the middle of the forest, with its ceilings too
low to walk upright, teaches humility. The wooden porch with
a broken chair shining faintly in the moonlight. We're not going
to sleep tonight. Perhaps the cabin and the wooden porch will
not sleep either. To be sure, the forest isn't asleep. I venture out-
side, along the road, into the unknown. Along the darksome road
through the forest. I turn around behind the third turn. *I don't like*
humility, I say. I go and find you and we go out together. We leave
the cabin. Along the darksome road through the forest. Behind
the third turn, there's another cabin. We knock. Nobody opens.
We turn toward the little cabin in the middle of the forest, with
its ceilings too low. We knock. The door opens. *That's enough hu-*
mility, we say. We're not going to sleep tonight. We're going to lie
down, hold hands and listen to each other's stories.

HER

The certainty that I don't want to die without living it.
Without living – with you. The certainty. With you.
The certainty. I don't want to live. Without living. With you.

47

SEVER

Živel bi ob jezeru, zaradi njegove temote
in smrek, ošiljenih proti nebu.
Melanholije ne odganja, kot počnem jaz,
z izbiro morja in prepišnosti.
Svetlobe. Po njej hrepenim.

Sprašujejo me, ali sem kdaj jemala zdravila
proti depresiji. Odgovorim, da nikoli.
Nato vprašanje še večkrat ponovijo.

NORTH

He wishes to live by the lake, because of its darkness
and the spruce trees, sharpened towards the sky.
He doesn't drive away melancholy, as I do,
with the choice of the sea and draughtiness.
Light. This is what I long for.

They ask me whether I've ever taken
antidepressants. I reply I haven't.
Later, they'd repeat the question several times.

V NJENI ODSOTNOSTI

ozrla sem se skozi okno
še enkrat
na manjšem dovozu je bila
parkirana bela vespa
in župnik s slamnikom
precej nenavadna slika
je že stopal proti vhodu
se popraskal po bradi
topel nasmešek in stisk roke
niste od tod
ne
tudi moja žena ni
povejte mi več o sebi
njena odeja vržena čez stol
leto diagnoz in nato klic
na kaj najprej pomislite
ko pomislite na pokojno
in vendar
in vendar sem prišla
prepozno
na skrivaj vem
kot ona živi v svojem sinu
bo on v najini hčerki
ta soba
pomislim
njen klavir v tišini
neroden smeh ob mizi
preplet zavozlanih besed
pogovor o obredu
kako
ljubimo drug drugega
prazni prostori
so vedno glasni
to jutro
je bilo vse o življenju

IN HER ABSENCE

I looked through the window
one more time
a short driveway
with a white scooter parked on it
and a pastor wearing a straw-hat
a rather unusual picture
was already walking towards the entrance
scratching his beard
a warm smile and a handshake
you're not from here
no
my wife isn't either
tell me more about yourself
her blanket tossed over the chair
a year of diagnoses then the call
what do you think of first
when you think of the deceased woman
but still
still I'd come
too late
secretly I know
just as she lives on in her son
he will in our daughter
this room
I think to myself
her piano now muted
awkward laughter at the table
an interlacement of entangled words
a conversation about the service
how
we love one another
empty spaces
are always loud
on that morning
everything was about life

rdečkasto rjava in črno-bela mačka
sta jo še vedno iskali
toliko fotografij
kako
jih bomo uredili
in poletje
zdaj se pogovarjamo
ob kozarcu vode
se je začelo tako spodbudno

both cats
the ginger one and the black-and-white one
were still looking for her
so many photos
how
will we arrange them
and the summer
we are talking now
over a glass of water
it'd started off so promisingly

SANJE

Precej pred najinim časom se je začudila:
Zakaj bi kdo sploh gledal skozi okna tujih hiš?
Visby je bil ovit v oktobrsko meglo in večer tih.
Pri nas imamo zavese, sem rekla. Zamišljala sem si,
da mora človek hoditi po kamnitih kockah zato,
da si laže predstavlja, kako trkajo polni kozarci za zidovi,
kako se spušča mrak med grižljaje pravkar postrežene večerje,
kako se pribor v različnih legah dotika krožnikov.
Medtem sva nadaljevali tako sprehod kot klepet
in jaz sem še naprej, a zdaj naskrivaj,
tihotapila radovedne poglede skozi okna.
Nekdo je ravno stresal prt, ustavil se je, trznil,
pogledal v sobo čez svojo ramo, v žensko,
ki se je sklanjala nad dete in govorila v meni
neznanem jeziku. Imela je moj obraz.

A DREAM

Well before the two of us, she was taken by surprise:
Why would someone want to look through other people's windows?
Visby was shrouded in the October fog and the evening was silent.
There are curtains where I live, I said. I'd assumed
one had to walk on cobble setts in order to
imagine more readily the full glasses clinking behind the walls,
the dusk falling in between the morsels of the dinner just served,
the cutlery touching the plates in various places.
In the meantime, we carried on both with our walk and our chat,
with me keeping on – yet secretly now –
smuggling my curious gazes through the windows.
Someone was just shaking out a tablecloth and stopped, twitched,
looked into the room over his shoulder, at the woman
leaning over a baby, speaking a language
unfamiliar to me. She had my face.

III

ISLOMANIA

So ljudje, je govoril Gideon,
ki jih otoki preprosto privlačijo.
Lawrence Durrell

Zapleteno je. Odgovoriti na vprašanje,
kaj predstavlja otok. In misliti na severni otok.
Nenadoma se spremeni okus v ustih,
besede postanejo uteži, nihče najprej
ne pomisli na jadra, veter, sonce in bore.
Zapleteno je odgovoriti na vprašanje.
Razložiti, kako otok s celino veže jeklena vrv
in kako trajekt rumenkaste barve potuje po njej.
Kako ga zamenja manjša barka,
ko je v okvari ali ko se ledene ploskve
zaletavajo in nasedajo druga na drugo
po gladini tega nikoli zares slanega morja.
Drobljivi zvoki zimske pokrajine, ječanje.
Med desettisočero množico otokov
pokazati na tistega s sladkovodnim zajetjem
in z zapuščenim kamnolomom, brazgotino
globoko v svoji sredini, orhidejami Adam in Eva,
cvetočimi v dveh barvah v dveh mesecih.
Na stari karti pokazati manjše pristanišče
iz časov, ko so še natovarjali gašeno apno
in odkriti zatajeno zgodbo o Göringovem obisku.
Razložiti nizko sonce, ki moti večerne ure,
kot tovorne ladje od Singapurja do Norveške.
Ko še te zapeljejo mimo, se počasi na površju
oblikujejo krogi in Baltik postane tišina,
lahko se začne igra, kdo prvi uzre tjulnja.
Zapleteno, če ne že čudaško, bi bilo spominu
obuditi predstave o otoku, južnem otoku tvojih sanj,
prestaviti vse oljke in limonovce iz tvojih pesmi sem,
kjer z zapuščene ladje kdaj kakšen ribič
meče trnek v vodo, da skali neskončni mir
redkih, izbranih besed.

ISLOMANIA

There are people, Gideon used to say,
by way of explanation,
who find islands somehow irresistible.
                            LAWRENCE DURRELL

It's complicated. To answer the question
of what an island represents. With the North Island in mind.
Suddenly, the taste in your mouth alters,
words become weights, nobody first thinks
of sails, the wind, the sun, and pines.
It's complicated to answer this question.
To explain how the island is tied to the mainland by a cable
and how a yellowish ferry slides along it.
How it's changed for a smaller boat
when it breaks down or when shards of ice
collide and strand on the surface
of this never quite salty sea.
The crackling sounds of the winter landscape, the groaning.
From among the tens of thousands of islands,
to point to the one with a freshwater reservoir,
and a disused quarry, a scar deep down
in its middle, the Adam-and-Eve Orchids
blooming in two colours within merely two months.
To point to the docks on the old map
from the time when quicklime used to be loaded,
and to unveil the hidden story of Göring's visit.
To explain the low sun disturbing the evening hours
like cargo ships on their way from Singapore to Norway.
Once they've sailed past, circles are slowly formed
on the surface, the Baltic becomes silence,
and the game of who first spots a seal may begin.
Complicated if not peculiar, to bring to memory
the fantasies of the island, the South Island of your dreams, to move
here all the olive trees and the lemon trees from your poems,
here, where you can find the odd fisherman angling
from a deserted ship, to trouble the endless peace
of the rare and refined words.

Poletje potroji otoško prebivalstvo,
voda je manj mirna in živali potonejo v gozdovih.
Neustrašno sonce se ponoči komajda spočije.
Rotiš ga, naj ugasne, vsaj malo,
noči so predolge, ko so budne,
in dnevi se prevešajo vase brez sape.
A ti, otočan, potrebuješ to sapo,

     ta mir,

        ta premolk,

samoto, ki jo darujejo bori, samoto.
So ljudje, ki jih otoki preprosto privlačijo.
Zboleli so za redko duševno boleznijo,
ki se kaže kot neskončna omama.
Kot brazgotina, ki jo nosiš do konca sveta.

Summer triples the island's population, with the water
less calm and the animals submerging in the woods.
The fearless sun hardly gets any rest at night.
You beseech it to go out, just for a bit,
the nights are too long when awake,
and the days lean against themselves, breathless.
Whereas you, the islander, need this breath,
                                    this peace,
                                            this pause,
the solitude given by the pines, solitude.
There are people who find islands somehow irresistible.
They have contracted a rare affliction of spirit
filling them with an indescribable intoxication.
A sort of scar worn until the end of time.

GLEDALCI

Nobenih stopnic.
Pod nama apnenec,
nad nama nebo.
Belo okvirjena okna in vrata.
Rdeč pas lesa. Potem morje.
Leseni škatli na vrtu,
napolnjeni s svežo prstjo,
sta upanje rastlinam.
Zaplata slabo prekrvljene trave
med in pred nama celi nekaj pedi zemlje.

Edina igralca sva.
Vsak dan igrava drugo igro.
Piševa jih sproti,
vlogi večkrat zamenjava.

Galebi nosijo oči gledalca
in včasih, kadar kričijo
kot nesrečni otroci,
nama porežejo peruti.

SPECTATORS

No stairs.
Below us, limestone,
above us, the sky.
Windows and doors framed in white.
A red stretch of wood. Then the sea.
Two wooden boxes in the garden
filled with fresh soil
give hope to the plants.
A patch of grass with poor circulation,
in between and before us, heals the few inches of land.

The two of us are the only actors.
Every day we stage a different play.
We write them as we go along,
swapping our roles repeatedly.

Seagulls carry the eyes of the spectator
and, at times, when they cry
like inconsolable children,
they clip our wings.

ŠEPETALKA

Hotela sem napisati pesem o krastači,
ki sem jo srečala na poti domov.
Na cesti ob hiši je počasi merila svojo smer
in se ni pustila motiti, ko sem jo dohitela.
Nekje na sredi sva nato obstali in se obrnili vase,
brez nog in glav, oslepeli od zahajajočega sonca,
prebodeni s tišino otoka, občinstvo druga drugi.
Nekje na sredi sva obstali,
dokler ni trenutek počil in naju prehitel.
Zjutraj je svetloba razkrila nočno dejanje:
mokri odtisi vidrinih nog in ostanki nečesa,
kar je še včeraj bila moja šepetalka.

THE WHISPERER

I wanted to write a poem about the toad
I'd met on my way home.
Along the road leading past the house, it slowly measured its distance,
and wouldn't be disturbed when I caught up with it.
Halfway through, we both stopped and turned into ourselves,
legless, headless, blinded by the setting sun,
pierced by the silence of the island, audience to one another.
Halfway through, we both stopped
until the moment burst and overtook us.
The next morning revealed the night act:
the wet tracks of an otter, and the remains of something
that happened, only yesterday, to be my whisperer.

HROŠČ

Rada bi razumela, reče ženski glas.
Daj, povej mi, se ne dolgočasiš?
Zanjo so pesnice gospodinje,
ki tu in tam napišejo pesem,
in pesniki ponesrečeni moški,
ki kdaj potočijo kakšno solzo.
Medtem v sobo prileti hrošč
s kovinsko zelenim leskom,
da v njej zaključi življenjsko pot.
Nič tragičnega ni ne v telefonskem klicu
ne v hroščevem dejanju.
Odprem vrata in ga nesem ven.
Preveč smrti je že tu, rečem.

THE BEETLE

I'd like to understand, says a female voice.
Tell me, aren't you bored?
For her, female poets are housewives
who write a poem once in a while,
and male poets are failed men
who shed an occasional tear or two.
In the meantime, a beetle with a metallic
green sheen comes flying into the room
to end its days.
There is nothing tragic either in the phone call
or in the beetle's doings.
I open the door and carry it out.
There's too much death in here already, I say.

USPAVANKA

Iz spodnjega nadstropja
preigravanje klavirskih tipk,
melodija sega po meni
kot sončna svetloba skozi okna
in se nekje konča,
vendar ne z gnezdom,
dlje gre, naprej, skozi.

V naslednjem trenutku
gredo note v prste
in se prstne blazinice
vtisnejo v steno
in se iz stene zasliši glasba,
ki se razrašča kot drevesna korenina,
                    vsa v meni,
in severna svetloba,
                    vsa v meni in v sobi,
vse, kar svetloba razkriva,
vse, kar korenina dosega,

najine misli, šepetanja, želje,
v tej glasbi, notah, prstnih blazinicah,
v uspavanki za najinega otroka.

LULLABY

Coming from the lower floor,
the pressing of piano keys, over and over,
the melody reaching towards me
like sunlight through the windows,
ending somewhere,
but not with a nest,
it goes on, further, through.

In the next moment,
the notes enter the fingers,
and the finger pads
leave a mark on the wall,
making the music be heard from the wall,
spreading like a tree root,
                    the whole of it inside me,
and the north light,
                    the whole of it inside me and the room,
everything the light reveals,
everything the root reaches,

our thoughts, whispers, wishes
contained in this music, the notes, the finger pads,
in the lullaby for our child.

OTOK

Premakni se z valovi. In otok v tebi, premakni ga z valovi. Štiri
leta. Postala si težka kot skala, kaj kamen. Premakni jo. Pojej. Po-
spravi. Govori s sosedo. Smehljaj se. Umij si zobe. Kmalu se valovi
vrnejo. Umij se z njimi. V njih. Okopaj se. Priplavaj skozi kožo.
Priplavaj skozi. Skozi otok v sebi. Otok.

ISLAND

Move with the waves. And the island within, move it with the waves
Four years. You've become heavy as a rock. Move it. Eat up your
meal. Do the cleaning. Talk to the neighbor. Smile. Brush your
teeth. Soon, the waves will return. Get washed by them. In them.
Have a bath. Swim through the skin. Swim through. Through the
island within. The island.

VEST

Z otoka sem odpeljala kot ponavadi.
Kot ponavadi z manjšo zamudo
in rahlo prekoračitvijo hitrosti.
Kot ponavadi, da grem po otroka v vrtec.
Z avtom najprej na drugo stran otoka:
   tri minute,
s trajektom čez:
   pet minut,
po podeželskih cestah do večjega kraja:
   deset minut.
Moralo bi zadostovati.
Skrbno načrtovani čas.

Da le ne bi skoraj pozabila otroka
in se nazaj odpeljala brez njega.
Da le ne bi skoraj povozila moškega
z lovskim psom, edinih sprehajalcev
na poti do trajekta, še pred tem.
Da le ne bi prebrala
vesti o smrti, še pred tem.
Da le ne bi prebrala.
Da le ne bi *skoraj* izginil.

I drove off the island at the same time as usual.
As usual, with a minor delay
and slightly in excess of the speed limit.
As usual, to pick up my child from the nursery.
Driving first to the far side of the island:
      three minutes;
transported by ferry:
      five minutes;
along the country roads to the larger village:
      ten minutes.
This should do.
The careful timetable.

If only I hadn't almost left the child,
driving back without her.
If only I hadn't almost run over the man
walking a hunting dog, the only two passersby
on their way to the ferry just before.
If only I hadn't read
the death notice just before.
If only I hadn't read.
If only the *almost* hadn't disappeared.

PRIČAKOVANJE

Začne se s tabo – toliko stvari se je začelo s tabo –
dve leti si stara in zreš v smeri zvona,
obešenega na orjaški leseni šestnožnik, tja,
kjer imajo na otoku poroke in pogrebe.
Obala je zabrisana z meglico. Ima podobo
dolge nevestine vlečke. V pižami in bosih nog
stojiš na temnem kamnu terase, aprilsko jutro
riše dolge sence, zvok ladijske sirene
prihaja s strani nevidnega obzorja.
Morda zreš tja, v znano, a zdaj zakrito.
Ladja bo počasi zdrsnila mimo.
Velika tovorna ladja je, nama govori zvok.
In izginila bo, še ena ladja.
Stojiš in zreš, kako se iz meglice dvigne jelen,
ki je priplaval s celine in kako v urnih skokih spet izgine.
Kasneje se bova oblekli in šli do zvona.
Spet bova videli horizont. Dvignila te bom,
kot že mnogokrat poprej, povlekla boš vrv
in težak zvon bo zvonil.

EXPECTATION

It begins with you – so many things have begun with you –
you are two years old, looking towards the bell
hung on a giant wooden hexapod, over there,
where weddings and funerals take place on the island.
The shore is blurred by mist in the shape
of a long bride's train. In your pyjamas, barefoot,
you're standing on the dark paving-stones of the terrace,
the April morning is drawing long shadows, the sound
of the foghorn is coming from an invisible horizon.
You may be looking there, at the unknown, now concealed.
The ship is slowly going to drift past.
A freighter, the sound tells us.
And it's going to disappear, yet another ship.
You're standing, observing a stag rising from the mist
having swum from the mainland, then bounding, vanishing again.
Later on, we'll dress up and walk to the bell.
We'll see the horizon again. I'll lift you up,
like many times before, and you'll pull the rope
and the heavy bell will ring and ring.

IV

TULIPANI IZ ŠVEDSKE

Sneg v marcu. Smetarski tovornjak nama zapre pot,
dobrodušni velikan skoči s sedeža, mahajoč z rokami,
Kar mimo, mimo, naj vama pomagam, v angleščini
in malo v švedščini, in jaz poskušam reči, da bova že,
ko otrok na saneh potone v sveže zapadli sneg.
Stresanje snežink, opravičevanje,
Kaj pravi, kaj pravi, mami?
in jaz: *Dobro je, res, vse je v redu.*
Rada imam sneg, reče otrok.
Velikan tega ne razume.
Kasneje ga spet srečam.
Počakaj, počakaj, reče. Ravno sem mislil nate.
Dva zavoja že odvrženih tulipanov
v prozorni foliji z napisom *Från Sverige.*
Vse vas imam rad, vse vas imam rad,
dviguje roke proti nebu, kot bi hotel objeti
še snežinke, ki neprestano naletavajo.

Snow in March. A dustcart blocks our way.
A gentle giant jumps off his seat, waving his arms,
Just go, just go, let me help you, in English,
and a bit in Swedish, and I try to say we'll manage
as the child seated on her sledge plunges into the fresh snow.
The brushing of snowflakes, the apologizing,
What's he saying, Mummy?
And me: *It's fine, really, everything's all right.*
I like snow, says the child.
The giant doesn't understand.
Later on, I meet him again.
Wait, wait, he says. *I've just thought of you.*
Two bundles of the already discarded tulips
in clear cellophane labelled *Från Sverige.*
I love you all, I love you all,
he's lifting his arms to the sky,
as if also wanting to embrace
the snowflakes that keep falling.

VRSTICE O PISANJU

Miza je postavljena ob okno. Verjetno je odgovor
v gibanju, vetru, veje same niso dovolj, to gibanje,
ki ga potrebuješ za pisanje, gibanje ljudi in listov,
ki padajo na tla,
ali vej pozimi, ko se lomijo ob mrazu,
ptic, ki padajo, njihovi leti so mnogokrat strmi,
skoraj navpični.
Hočem videti, kako se dežne kaplje dotikajo tal
in razlivajo v prst in snežni kosmi sedajo
na ciprese in oblikujejo kape. In meje.

The desk is placed by the window. Perhaps the answer lies
in the movement, in the wind, the branches aren't enough,
the movement you need for writing, the movement
of people and leaves falling onto the ground,
or the branches in wintertime cracking in the cold,
or the birds plummeting, their flight often steep,
almost vertical.
I want to watch raindrops touching the ground,
spilling into the soil, and the flakes of snow settling
onto cypresses, forming caps. And borders.

STVARI, KOT SO

Na različnih mestih puščaš knjige.
Občasno jih vzameš v roke,
potem bereš, na glas.
Dneve in dneve hodim mimo
in obrišem le prah.

Čutim, ob nekaj udov sem.
Morda tudi ob jezik.
Neznosna bolečina.
Nezmožnost ubeseditve.
Namesto knjig prebiram prostor.
Poznam ga na pamet.
Tudi s prostora brišem prah.
Brez knjig in slik bi bil prazen.
In napolni se z vama, ko vstopita.

Besede me vabijo nazaj,
nazaj v jezik, ki nikoli ni bil
zmožen ubesediti stvari
takšnih, kot so.

You leave books in different places.
At times, you pick them up,
then read them out aloud.
For days, I walk past,
only dusting.

I can feel it, I've lost a few limbs.
Maybe even my tongue.
An unbearable pain.
The incapacity of putting things into words.
Instead of books, I read the room.
I know it by heart.
I dust the room as well.
Without the books and the pictures,
it would be empty.
It fills up with you two entering.

The words tempt me back,
back into the language
never capable of putting into words
things as they are.

NE VIDIM, NE SLIŠIM

Ne slišim, pravi otrok, ko si zatiska oči.
Hočeš reči, da ne vidiš, odvrnem.
Kaj pomeni, da ne slišiš? vpraša otrok.
Morda da nočeš vedeti, rečem.
Jaz hočem vedeti, protestira otrok.
Tudi jaz, rečem.

I CAN'T SEE, I CAN'T HEAR

I can't hear, says the child covering her eyes.
You mean you can't see, I reply.
What does it mean you can't see? asks the child.
Perhaps that you don't want to know, I say.
I do want to know, protests the child.
So do I, I say.

O LEPOTI

Z Mulholland Driva se odpre prekrasen pogled
na Hollywood, reče ena izmed treh Američank.
Kot drugi obiskovalci so oblečene v kopalne plašče
in posedajo po ležalnikih pod baldahini
v dvorani starega veličastnega kopališča.
Nad nami se dviga lesena ograja galerije,
pred nami plava ženska, želva, leta neznana,
desno oko komajda odprto zaradi lepotnega posega.
Čas je brutalen sodnik. Na galeriji mlad moški
trenira na kolesu, v ozadju nekaj golih teles
menja savno za tuš, tuš za savno.
Iz prostora odzvanja: *Popraviti telo. Zategniti. Očistiti.*
Nagnem se nad knjigo in dolgo ne vidim ničesar več.
Medtem ženske srkajo ingverjev čaj
in govorijo o praktičnih rečeh,
njihov smeh je lahkoten, stika se z vodo.
Spomnim se Francescine fotografije torza,
delno pokritega s staro tapeto.
Stena je, oplesk, ki pripada preteklosti.
In tiho kličem pesnika, da bi rekel:
To, tudi, so bile sanje.

There's a marvellous view of Hollywood opening up
from Mulholland Drive, says one of three American women.
Like the other visitors, they wear bathrobes
and sit in deckchairs under canopies
in the hall of a magnificent old bathhouse.
Above us, the wooden railing of the gallery rising;
in front of us, a woman swimming, a turtle, age unknown,
her right eye barely open due to a cosmetic procedure.
Time is a brutal judge. On the gallery, a young man
doing a stationary bike workout; some naked bodies
in the background swapping sauna for shower, shower for sauna.
The place resonating: *Fix the body. Pull it tight. Clean it up.*
I lean over my book, and, for a long time, I don't see anything.
In the meantime, the women are sipping at their ginger tea,
talking about practical matters,
their laughter is light, making contact with the water.
I recall Francesca's photo of a torso
partly hung with old wallpaper.
It's a wall, paintwork belonging to the past.
I'm silently calling the poet to say:
This, too, was a dream.

PRAZNOVANJE ROJSTNEGA DNE

Nagnila sem se nad mizo
in nekaj časa sledila lesnim črtam.
Pred hišo sta se igrali deklici,
oponašali sta različne živali,
mali in veliki zajec, *jaz sem zebra, ti si slon.*
Slišala sem smeh odraslih
in čudenje moči aprilskega sonca.
Spomnila sem se tropa potepuških psov,
presušenih, sive dlake, dlake brez leska,
ki sem jih nekoč davno videla ležati
pred nekim neptunskim hotelom.
Nenadoma spet ta slika, bili so tam,
slišala sem njihove spuščene jezike,
čakali so na ostanke hrane in se greli.

S pogledom sem šla nazaj
od psov mimo deklic,
ki sta bili zdaj mački,
po teksturi mize k starejšemu paru,
čakajočemu na obljubljeno kavo.
Zapuščeni gostje naenkrat
zliti v isto sliko, v isti molk,
podrsavanje gostiteljevih nog
po upogibajočem se lesenem tlaku,
ko se je s skodelicami vračal
v bližino zamrznjene slike.
Popoldansko sonce je s hladom
prignalo vse v hišo,
jo napolnilo z zvoki in s telesi,
in mene z obljubo,
da nasitim trop psov,
ki je še vedno stražil vhod.

THE BIRTHDAY CELEBRATION

I leaned over the table,
following the wooden patterning for a while.
Two girls were playing outside the house,
mimicking various animals,
a small and a big rabbit, *I'm a zebra, you're an elephant.*
I could hear the laughter of the adults
and their amazement at the intensity of the April sunshine.
I thought of a pack of stray dogs,
emaciated, their fur grey and dull,
who, long ago, I saw lying
outside some Neptunian hotel.
All at once, this picture again, there they were,
I heard their lowered tongues,
waiting for the leftovers,
keeping themselves warm.

My eyes moved back
from the dogs, past the girls,
who were now cats,
across the texture of the table to an elderly couple
waiting for the promised coffee.
The guests left behind suddenly merged
into the same picture, the same silence,
the host's shuffling steps
on the bending floorboards
as he was returning with the cups
into the nearness of the frozen picture.
The sun and the cool of the afternoon
drove everyone into the house,
filling it with sounds and bodies,
and myself with the promise
to feed the pack of dogs
still guarding the entrance.

O ZAČETKIH, ZAKLJUČKIH IN ŠE MALO O SREDINAH

Don't give up, Michael. Začetki so največkrat
dobri ali vsaj povprečni, konci pa ...
Želiš, da se iztečejo v nov začetek. V novo zgodbo.
Lahko bi bila knjiga, a je v resnici vrstica iz filma
z Marcom Duplassom. Lahko bi bila knjiga, rečem.
Tam nekje vmes se vsemu navkljub zgodi življenje.
Četudi teče počasi, skrajno linearno.
Kdo drug bi rekel, dolgočasno.
Lahko bi bila knjiga, že vsaj deseta ponovitev
priljubljenega filma, ki za koga drugega
nima nobene vrednosti, dolgi večeri s pogovori,
občutek, da imaš vse, ker nimaš ničesar.

Stojiš pred betonskim nakupovalnim središčem
z veliko škatlo, v njej tvoj prvi predvajalnik
in Carrackov *One Good Reason*. Konec osemdesetih je,
čakaš na jutranji avtobus proti domu,
potem ko si pred odprtjem že pomil tla trgovine z živili.
Vračaš se in še ne veš, kako se bo zavrtelo kolesje.
Da boš morda nekoč, trideset let pozneje, srečal smrti,
največkrat rak. Ne veš še, kako so vse te drobne slike,
kolaži naših življenj, žive le, če jih nekdo zapiše,
obnovi v pripovedovanju, spominu,
jim da vrednost, odsev.
Ne veš še, da bo tam nekje iskren trenutek,
ko boš zmogel reči, da potrebuješ zaključek.
A ga ne boš našel.

Don't give up, Michael. Beginnings tend to be
good, or average at least, whereas endings…
You wish they lapsed into a new beginning. A new story.
It could be a book, but, in fact, it's a line from a movie
with Mark Duplass. It could be a book.
Somewhere along the way, life takes place nonetheless.
Despite passing slowly, rather linearly.
One might say, tediously.
It could be a book, at least a tenth replay
of a popular movie of no value
to anyone else, long evenings with conversations,
the feeling you have everything because you have nothing.

You're standing outside a concrete shopping centre
with a big box in your hands containing your first CD player,
together with *One Good Reason* by Paul Carrack. The end of the '80s,
you're waiting for the homebound morning bus
after having mopped up the grocer's shop before the opening.
You're returning, not knowing how the wheels will turn.
How someday, thirty years later, you might encounter deaths,
mostly cancer. You've yet to find out how all these tiny images,
the collages of our lives, only exist when written down,
renewed in narration, in memory,
when given value, a reflection.
You've yet to find out there'll be a sincere moment somewhere
when you can admit to yourself you need an ending.
But you'll not find it.

V

PROGRAM

Da jo vidiš, moraš vstati od mize, kamor so te posadili
v čakanju na nastop. Moraš vstati in se ozreti na levo,
skozi dovolj odprta vrata, da lahko vidiš mizico z ogledalom.
Tja se vrača po vsaki napovedi, strmi predse, obnavlja nastop,
vrača se, da bi s počasnimi gibi spet nanesla nove plasti ličila.

Pesniki kot nenavadno naglašene črke na listu papirja.
Ko se branja končajo, odidejo skozi vrata za odrom.
Nekaj se jih izgubi med težkimi žametnimi zavesami.
Morda še enkrat uzrejo senco ženske, ki mrmra svetle
in temne besede poezije, preden se razblini v ogledalu.

THE PROGRAMME

To see her, you need to rise from behind the table where you've been seated
in anticipation of the performance. You need to rise and look to the left,
through the door open a crack, just enough to spot the small dressing table.
This is where she keeps returning after every announcement, staring ahead,
rehearsing her act, returning to put on new layers of makeup, with slow gestures.

Poets as oddly accented letters on a piece of paper. Once their readings
are over, they exit through the door behind the scene. Some of them
get lost in the heavy velvet curtains. Perhaps, for one last time,
catching sight of the shadow of a woman murmuring
light and dark words of poetry before dissolving in the mirror.

VEDEŽEVALKA

Videla sem svet in življenje;
bilo je lepo in polno sonca.
IVANA KOBILCA

Dekličin pogled spreminja konture,
mlada ženska drugi prerokuje z dlani,
tema prekrije svetlobo, gozd je, ne jasa,
nekaj sončnih žarkov skozi listje, skozi veje,
šelestenje, *poglej, vidiš*, in druga se nagne naprej
nad svojo levo dlan, rahla rdečica, morda zadrega,
tam, ob drevesu za njima, čepi deklica prekrižanih rok,
ne vedoč, da bo njen nasmeh na končni sliki izginil,
morda že z glasovi gozda, morda z utripom srca,
kasneje, ko bo zgodba povzeta in povedana,
skrivnost odkrita, tisto prerokovanje izpred let,
vrnilo se je, slikarka se spomni vsega, kar spomin
obnovi in niso več besede, le poteze na platnu so,
in ona, osvobojena v svetu, prikrajšana za dom,
jih nanaša na razpeto laneno površino,
spreminja barve, konture, igra se
s svojim življenjem, v sebi, na sebi, vedno.

THE FORTUNE-TELLER

I have seen the world and life;
it was beautiful and full of sunshine.
IVANA KOBILCA

The girl's gaze changing its contours,
a young woman reading the other one's palm,
darkness conceals the light, it's a forest, not a clearing,
a few sunrays coming through the foliage, through the branches,
a rustling, *Look, You see*, and the other one leans forward
over her left palm, a slight blush, embarrassment perhaps;
over there, by the tree behind them, a girl crouching, her arms folded,
unaware that her smile in the final picture will vanish,
perhaps already with the voices of the forest, perhaps with the heartbeat,
later, once the story is summed up and told,
the mystery unravelled, the fortune-telling of years ago;
it has returned, the painter remembers everything memory restores,
and there are no words anymore, just the strokes on canvas,
and herself, liberated in the world, deprived of home,
pasting them on the stretched linen surface,
changing the colours, the contours, playing with her life,
in herself, on herself, always.

KRALJEVI VRT

Stockholm, Švedska, 2018

Če bi napisala, da je stala tam,
v lokalu hitre prehrane,
naročala točeni sladoled,
bližnji park v češnjevih cvetovih,
če bi napisala, da je bila njena rožnata izrazitejša,
povsod: nogavice, ogrinjalo, ustnice, veke,
ozaljšano drevo z živahno preteklostjo,
če bi napisala, da je že naročila točeni sladoled,
plačala z bankovci in govorila angleško,
kar ni nič nenavadnega za veliko mesto,
če bi napisala, da je stala vsa drobna v baletnem koraku
s starostno grbo, spetimi lasmi in prsti kot labodji vrat,
preden je sledila zamaščenim korakom v klet
med mize in toaletne prostore in ljudi,
se posvetila točenemu sladoledu,
če bi napisala, da cvetovi ne dišijo več,
da je
    divje rožnata
       izgubila.

THE KING'S GARDEN

Stockholm, Sweden, 2018

If I were to write *she stood there,*
in the fast-food restaurant,
ordering soft ice-cream,
with the nearby park enhanced with cherry blossoms,
if I were to write *her pink was more distinct,*
spreading everywhere: the socks, the cape, the lips, the eyelids,
an adorned tree with a lively past,
if I were to write *she had already ordered soft ice cream,*
paying with banknotes and speaking English,
nothing uncommon for a big city,
if I were to write *she stood, very slight, in a ballet position,*
with an old-age hump, hair tied together and fingers like a swan's neck
before following the greasy footsteps into the basement
among the tables and the toilets and the customers,
turning to her soft ice cream,
if I were to write *the blossoms don't waft anymore,*
that

> *the vivid pink*

> > *has been defeated.*

99

OČI

Ostala je le zapletena čipka gub,
veliko grenkobe, mnogo manj ljubezni
v hiši, ki ni nikoli dišala,
smrt je tu, a ne ve, kako naj ji streže,
s kremo ji hči namaže presušene ustnice,
utekočinjena hrana, čaj, stekleničke,
šepeti obiskov, odkašljevanje,
pogledi skozi okna,
ponavljajo vajo umiranja,
strmi, kot bi predobro razumela,
da je telo budno
in še živo v očeh,
samo v očeh.

THE EYES

What was left was an intricate lace of wrinkles,
a lot of bitterness, much less love
in the house always without the faintest fragrance,
death is here, but it doesn't know how to serve her,
her daughter puts some ointment on her dried-out lips;
the liquified food, the tea, the vials,
the glances through the windows,
the rehearsals of dying,
her staring as though she'd known all too well
the body was awake
and still alive in the eyes,
only in the eyes.

MED DRUGIMI

Nekdo je mrtev in se kar naenkrat pojavi med drugimi.

Cirusi, kodravi prameni las,
ne polagajo senc na pot.
Od daleč segajoče svilnate roke so.
Ledeni kristali oblakov kot riž
nežno rosijo na črne obleke.
Za hip še sama skočim v smrt.
Kot novorojenka. Ki še vidi navznoter.

AMONG ALL THE OTHERS

Someone is dead and suddenly shows up among all the others.
INGER CHRISTENSEN

The cirrus clouds, the curly locks of hair,
do not lay shadows onto the path.
Silky hands reaching from afar.
The icy crystals of clouds gently drizzling
onto the black clothes like rice.
For a split second, I jump into death also.
Like a newborn. Still able to see inwards.

IZ MESTA

Rada bi se vrnila na otok.
V tišino, ki je manj strašna.
V ujetost, ki še ponuja upanje.
Stran od kompaktnega življenja,
ki se bere kot nepremičninski oglas:

Manjše. Še manjše. Arhitekturni vrhunec.
Namesto intime vam nudimo izvlečno posteljo,
prostor za delo, igro z otroki, kuho in zabavo.
Vse v enem. Če odprete pravi predal,
lahko tam opravite tudi potrebo.

I wish to return to the island.
Into silence less terrible.
Into captivity still raising hope.
To shun the compact living
that reads like a real-estate ad:

Smaller. Still smaller. An architectural achievement.
In place of intimacy, we offer you a pull-out bed,
a space to work, play with children, cook, and have fun.
All in one. If you slide the right drawer,
you can even relieve yourself.

KULTURNI DIALOG

Se vračaš?
Vračam se.
Tam ti je bolje.
Kaj je bolje?
Boljši so.
Boljši ljudje?
Veliki so.
Mi smo majhni?
Manjši.

CULTURAL DIALOGUE

Are you going back?
I'm going back.
You're better off there.
What's better?
They're better.
Better people?
They're big.
We're small?
Smaller.

Napisala sem to. Tako bi lahko trdili. Ali pa je bil
kdo drug in se nam je samo dozdevalo,
da sem sedela ob mizi, knjigah in se pogovarjala
z mrtvimi, živimi, s sencami in kipi? S tisto krhko,
zveriženo žensko v rožnatem, ki sem jo spet srečala
na dvanajsti postaji zelene linije? Pod zemljo, kot prvič.
S smetarjem, z otrokom, s pesnicami, tudi tisto,
katere priimek v tujini izgovarjajo s k in ne c?

Nepotrebna zmeda, ki ničesar ne razkriva.
Samo ideje smo, ki jih življenje obrne po svoje.
Kot bi se besede ob končnem izidu smejale,
vedoč, kako so nas, verujoče v našo nadvlado,
ujele v svojo mojstrsko zrežirano igro.

I've written this down. So we could claim.
Or was it someone else with me just appearing to be
sitting at a table, reading books and talking
with the dead, the living, with shadows and statues?
With the frail, bent woman in pink, whom I re-met
at the Station 12 of the Green Line? Underground,
like the first time. With the refuse collector, with the child,
with female poets, including the one whose surname
tends to be pronounced as [k] abroad instead of [ts]?

Unnecessary confusion revealing nothing.
We're nothing but ideas that life turns around its way.
As if the words laughed at the outcome,
well aware they'd trapped us,
convinced of our supremacy,
into their masterfully directed play.

p. 17 'The Blue Gondola'
Bregovita: an alley located in Zagreb, the present-day Tomićeva Street, most famous for its funicular built in 1890, formerly the world's shortest funicular (66 m) designed for public transport.

p. 19 'Chinese Cake'
The first line borrows and alters the initial sentence of the novel *Mrs Dalloway* by Virginia Woolf: "Mrs Dalloway said she would buy the flowers herself."

p. 27 'The Point of Leaving'
The stanza set in italics – *It could all have begun with a journey /.../* – is a quotation borrowed from the poem 'With a small step. Closeness' published in Stupica's third collection *The Island, the City and Others* (Beletrina, 2008).

pp. 28-9 'Rdeča pokrajina / The Red Landscape'
The epigraph is from Fernando Pessoa, *Psihotipija: izbrano delo*, translated by Miklavž Komelj et al (Ljubljana: Mladinska knjiga, 2007). The English translation is from *The Complete Works of Alvaro de Campos*, translated by Margaret Jull Costa and Patricio Ferrari (New York: New Directions, 2023).

p. 43 'The Bed'
The title of the poem alludes to the eponymous painting by the renowned Bosnian painter and graphic artist Safet Zec (b. 1943), 'The Bed' (oil painting, 160x220 cm, 2009/2010).

p. 45 'Letters and Voices'
"I'm scared, Maruša" (appearing in Letter Two) is the poet's dialogue with the award-winning novel by the Slovene writer, poet, journalist and humanitarian Maruše Krese (1947-2013), entitled *Me, Afraid?* (Založba Goga, 2012).
"If not us" (appearing in Letter Four) is a fragment borrowed from the eponymous poem published in the eponymous poetry

collection *Om inte vi* by the Swedish poet Petter Bergman (1934-1986): Petter Bergman, *Om inte vi.* Stockholm: Bonniers: 1969.

p. 87 'On the Beauty'
The poem evokes the photograph "From Space²" (Providence, Rhode Island, 1976) by the American photographer Francesca Woodman (1958-1981) known for her pictures exploring gender, representation, sexuality and body.
This, too, was a dream, the poem's final line, is a quotation from 'One Winter Night' in the American poet Mark Strand's (1934-2014) poetry collection *The Continuous Life* (Knopf Doubleday Publishing Group, 1990). The translation of this line into Slovene is by Lucija Stupica.

p. 91 'On Beginnings, Endings and a Little About the Middles'
Don't give up, Michael is a quotation borrowed from the movie *Paddleton* (2019) filmed according to the script written by Alex Lehmann and Mark Duplass, the latter also starring in it.

p. 97 'The Fortune Teller'
Ivana Kobilca (1861-1926) was the first Slovenian professional female painter, a representative of realism. She had her most successful creative period in Paris, whilst also working in Vienna, Florence, Munich, Zagreb, Sarajevo and Berlin. She was appointed Associate Member of the Salon of the French Société Nationale des Beaux-Arts, exhibiting all over Europe, also being the first Slovene woman to have her painting featured at the Venice Biennale. Her paintings were selected for the Salon du Champ-de-Mars in Paris on three occasions (1891, 1892, 1897). The poem 'The Fortune Teller' is based on the poet's observation of various studies for the eponymous painting (The Fortune-teller, 1893).

pp. 102-3 'Med drugimi / Among All the Others'
The epigraph is from Inger Christensen's *it,* translated by Susanna Nied; introduced by Anne Carson (New York: New Directions, 2006). The epigraph in Slovene is from Inger Christensen's *To,* translated by Sara Grbović, introduced by Anne Carson (Ljubljana: Študentska založba).

Lucija Stupica is a Slovene poet and interior designer with five collections to her name, who has been living in Stockholm since 2012. She studied architecture in Ljubljana and for several years wrote articles on interior design and architecture. She started publishing her poems in literary journals in 1995.

Her debut *Cello in the Sun* (2000) was greeted with immediate critical and popular acclaim, later winning her both the Golden Bird Award for outstanding artistic achievement and the Slovene Book Fair Award for Best Debut Book of the year. Her fourth book, *Vanishing Points* (2019), was nominated for the two most important Slovene poetry prizes (Jenko Prize and Veronika Award) and has been published in four other countries. Her latest collection of narrative poetry *Magnolia. Her Story* was published in 2024.

Stupica's books have been translated into English, Swedish, Spanish, Croatian, Serbian and Macedonian, and her poetry is represented in numerous international anthologies. She has earned two international awards: the 2010 German Hubert Burda Award for young poets and the 2014 Swedish Klas de Vylder Award for immigrant authors. She is also recipient of several writers' scholarships and has been writer-in-residence in Berlin, New York City, Krems an der Donau, and Visby, Gotland.

She has also joined forces with several musicians, dancers and fine artists on projects such as multi-media performances and installations. In the recent years, she has translated various genres of literature from Swedish and English.

Andrej Peric is an award-winning literary translator – from English, French, Slovak and Spanish, and of Slovene poetry into English and Slovak – anthologist, mentor and editor. He holds an MA in Translation Studies (Slovene-English-French combination) from the Faculty of Arts, Ljubljana. Between 2016-2018, he studied for his PhD in Translation Studies in the field of Sociology of Translation. He has also received translation training in France, Slovakia and Spain at different academic institutions.

He has published thirty book-format translations in Slovenia, Slovakia and the USA, of British, Australian, French, Slovak, Maltese, Icelandic and Slovene authors, with another six in co-translation, and compiled ten anthologies of poetry, short stories, theatre plays, and folk tales. In 2021, he published four complete collections by the renowned Slovak poet Mila Haugová in one book. He has curated and translated an anthology of Slovak short stories, also contributing to anthologies of contemporary Maltese, Icelandic and Estonian literature published by the Slovene Writers' Association.

He has translated selections of twenty-eight major Slovene poets into English and Slovak for various international festivals, exhibitions, installations, journals and anthologies in the USA, Croatia, Nepal, Slovakia, Italy, Mexico, Belgium, Greece, Germany, and Sweden. Additionally, he regularly publishes his translations and literary interviews in major Slovenian magazines and on the national radio.

He is a two-time recipient, in 2012 and 2015, of the Lirikon Gold accolade for best magazine translations of Slovene poetry into English. He has obtained the Radojka Vrančič Award (2014) for his translation of the poetic novel *L'Amour seul* by the French writer Laurence Plazenet. In 2018, his translated book of selected poems, *The Gift of Delay* by the prominent Slovene poet Maja Vidmar, was nominated for the AATSEEL Award (University of Southern California). Since 2011, he has run the Slovak literary translation workshop held by the Republic of Slovenia Public Fund for Cultural Activities.

ALVIN PANG is an internationally active poet and editor, photographer and translator from Singapore. His writings have been translated into more than twenty languages worldwide, including volumes in Croatian, Macedonian, Slovene and Swedish. A 2022 Dublin Literary Award judge and Civitella Ranieri Fellow, he is an honorary Adjunct Professor with RMIT University. His books include *What Happened: Poems 1997–2017* (2017), *Uninterrupted Time* (2019) and *Diaphanous*, co-written with George Szirtes (2023). His UK collection, *When the Barbarians Arrive*, was published by Arc in 2012.